1. Auflage 2019

Coppyright © 2019
Alle Rechte vorbehalten Messina, Salvatore

Bilder von Salvatore Messina
und Gudrun Leyendecker

© 2019 Messina, Salvatore
Herstellung und Verlag: BoD – Books on Demand, Norderstedt
ISBN: 9783735775931

POESIE
di
SALVATORE MESSINA

POESIE

di

Salvatore Messina

BREVE CURRICULUM di Salvatore Messina

Salvatore Messina è nato a Catania nel 1939. Da sempre ha coltivato l'arte pittorica, la fotografia, la scultura. Ultimamente si dedica alla poesia che ama definire "denunce poetiche". Pubblicazioni: La sua prima mostra personale,1965, è stata allestita presso la Galleria d'Arte G.Verga della sua città.Successivamente ha esposto alla Villa Olmo di Como, al Palazzo Reale di Milano, all'Arengario del Comune di Milano,al Museo Postal Montparnasse di Parigi, al Salon dell'Art Libre di Parigi, alla Villa Palladiana Cordellina Lombardi di Montecchio Maggiore,(Vicenza), al Palazzo Assessorile del Comune di Cles,(Trento), al Circolo della Stampa di Catania,alla Galleria Il Fiore di Bassano del Grappa, Alla Galleria Studio 7 di Valdagno, alla Galleria Il Sagittario di Vicenza, alla Galleria d'Arte Antica e Moderna di Salsomaggiore Terme, alla Galleria Palladio di Vicenza, all'Expo Arte di Pesaro, alla Galleria d'arte Italia di Milano, alla Galleria Chiosco

Domenicani di Bolzano, Alla Galleria Bellevue di Brunico, alla Galleria dei Nani di Valdagno, alla Galleria Renault di Merano, al Palazzo Piccolomini di Pienza, (Siena),alla Galleria delle Fonti di Recoaro Terme, alla Galleria d'arte moderna di Thiene, alla Gallerie Modiglini di Alte di Montecchio Maggiore,(Vicenza),alla Galleria d'Arte Il Pavone di Milano, al Palazzo Arcivescovile di Vicenza, al Palazzo Borgia di Pienza,(Siena) alla Galleria Mastini di Valdagno ecc...Opere dell'artista sono conservate presso il Museo d'Arte Moderna di New York, il Museo d'Arte Moderna di Madrid, il Museo d'arte Moderna di Parigi, al Museo Puskin di Mosca, la Pinacoteca del Verucchio di Forlì, alla Mis's Gallery di Vancouver, (Canada) la Pinacoteca Internazionale per la Pace di Roma ecc...Nel 1976 una sua mostra itinerante ha attraversato la Svizzera, la Germania, L'Austria, il Belgio, la Francia, la Iugoslavia, suscitando l'attenzione della critica e della stampa internazionale. Accademie e altre prestigiose istituzioni hanno patrocinato le sue iniziative culturali tra le quali il Museo Nazionale della Scienza e della Tecnica di Milano. Importanti riconoscimenti gli sono stati assegnati e tra questi la Targa Scambi culturali Italo-Iraniani. Innumerevoli gli scritti critici su quotidiani, riviste d'arte, enciclopedie ecc...Figura presso l'Enciclopedia Archivio Storico degli Artisti di Milano, ed. IEDA ecc...Opera, inoltre, nel campo della fotografia, anche digitale, riscuotendo ambiti riconoscimenti. Ultimamente si dedica alle composizioni poetiche riscuotendo ampi consensi. Hanno scritto su quotidiani e riviste del settore artistico i critici: Nicola Busato, Salvatore Fazia, Montoya, Carmelo Strano, Adelmo Vaghi, Orazio Puglisi, Salvatore Maugeri, Giuliano Menato, A.C.Barale, Reno Bromuro, Piero Donato, A.De Bono, Giorgio Falossi, G.Novelli, Franca Longo, Sandra Cervone, Marco Gavotti, Fosco Corlianò, Luigi Parinello, Vittorio Visonà, Enzo Boscato, Marina Padovan, Romano Fattorelli, Vincenzo Castelli, ecc...Ha istituito e organizzato il Premio Internazionale di Pittura, Scultura e Grafica "Città di Valdagno, del quale è ancora presidente. Centinaia le mostre organizzate a favore dei molti artisti sconosciuti e non. E' stato delegato della L.A.V. Lega Anti Vivisezionista per la provincia di Vicenza. Ultimamente ha ricevuto, anno 2004, la targa d'argento dell'Accademia Italo-Australiana di Melbourne, per la pittura... E' membro dell'Accademia "Gentium Pro Pace" di Roma...E' stato direttore artistico della Galleria d'arte "Studio 7" di Valdagno dallo stesso istituita.

Salvatore Messina, un Artista di razza...(Montoya)

"Un tempo, se ricordo bene, la mia vita era un festino in cui tutti i cuori si aprivano, tutti i vini scorrevano. Una sera, ho fatto sedere la bellezza sulle mie ginocchia. E l'ho trovata amara. E l'ho insultata" (Arthur Rimbaud)

Dove si trovano queste piccole estetiche che nascondonoparticolari vibrazioni su gamme cromatiche depositate in certi frangenti della riflessione elegante e disperata, festosa e tradita? Ci sono state epoche della nostra in cui ha preso potere su di noi l'emergenza triste e decorativa di improvvise cadute dell'umore. Queste lastre finte fino alla trasparenza, queste pitture vetrose venate

di veleni bluastri, queste plastiche
chimicamente interessate alle atmosfere
della notte o alle ore nere della
solitudine, hanno tutti i segreti che hanno
reso dubbiosi spesso i nostri stessi
quotidiani, di cui hanno puntualmente
rovinato sia l'ingenuità sia la controversa
vertenza della passione, della volontà di
costruzione...
Salvatore Fazia

PREFAZIONE

Non sono uno scrittore o un poeta, sono un essere umano che ama i sentimenti universali degli uomini. Scrivo per diletto sperando di raggiungere i miei fini. Molto spesso ci riesco e sono contento, anche perché, sono un uomo semplice, un sognatore che ama la vita, il buono del mondo.
Salvatore Messina

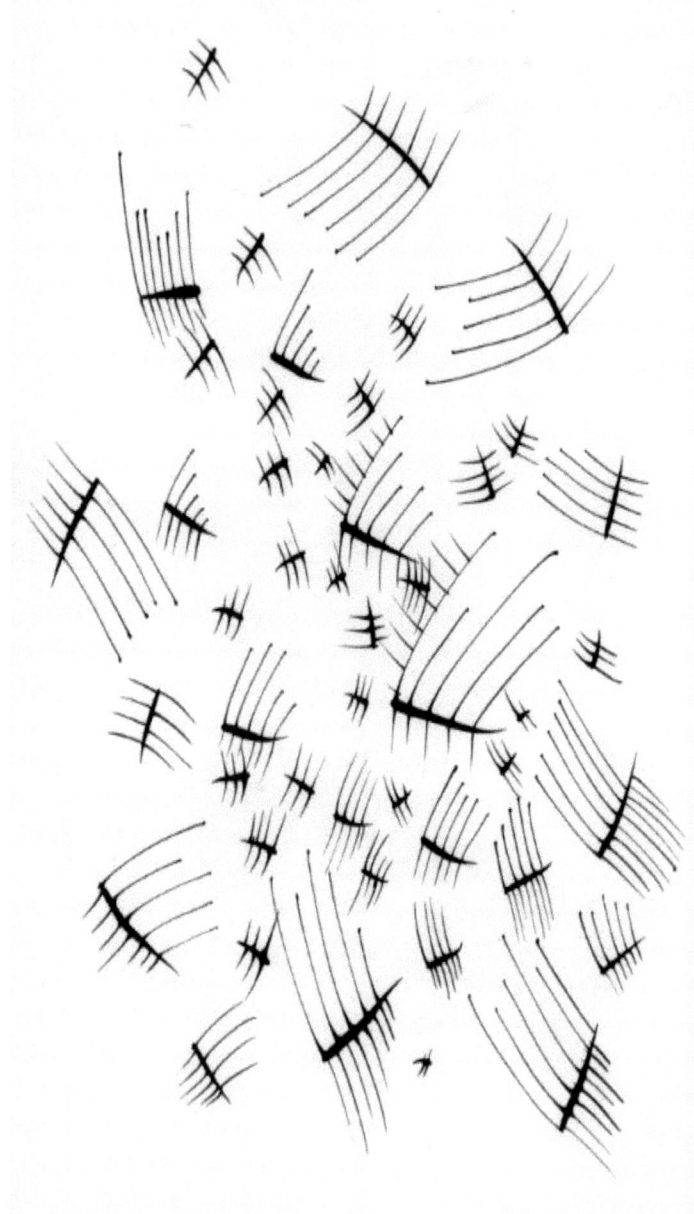

*cieli azzurri
costellano i miei spazi
e quelli dei bambini*

ascoltami

*perché un chiodo
mi strazia il cuore
o mentre implora
una madre
a mani giunte*

Mio bene.

Quando si addorme il sole
e in me sorge la notte
lasciami il tuo sorriso
Sai mio bene
Il buio mi spaventa.

L'alba

*L'alba si è spogliata
del vestito rosa
Nuda ora mi appare
di grazia alle labbra e brezze.*

DIVERSAMENTE ABILE
Improvvisano un festino
Sul lungomare quel giorno d'agosto
Danze appassionate e tanti baci alla luce
Di un bel cielo costellato di spasmi e di odori.
Era sola
Nei silenzi giovani dei sogni
Godeva dell'aria pura cristallina
Solo pietose brezze toccavano le carni
Il corpo estasiato ribollente il sangue
Guardava il mare
I riflessi dei lampioni
Le onde accarezzanti.
Diversamente abile innocente
Era sola sul lungomare d'agosto
Sola
Come l'anima mia.
(SalMessina) 1987

ALL'AVAMPOSTO

Si è schiarito dalle nebbie
lo spazio all'avamposto
ed una croce hanno piantato
qual ricompensa
Mille bandiere tinte di sangue e carne
vestono dai tempi a ricordare
chi tanto ha dato a Dio
alle infamie Patrie
e nulla han preso.

No al pianto
No alle guerre
Ma che sia la pace nel cuore
Dei popoli della Terra.

(Salvatore Messina)

Animali santi. "Omaggio al vivisettore"

E venne verso di te
il mestierante.
Leggero aveva il passo lento
dell'attentatore.
Ghigno malefico inquisitore
l'uomo in bianco aveva, vivisettore.
Giocoso l'accogliesti
scodinzolante
candido il manto
degli innocenti
Le mani leccasti al delinquente;
atti d'amore, questi, e d'amicizia antica.
Il bruto s'avvinghiò sul tuo mantello,
un lampo fu, una saetta:
e ti prese la libertà le carni.
Vivisettore
squallido abitante di laboratori,
di stabulari, di scantinati doloranti.
Manipolatore infame di viscere vive,
palpitanti.
Fredda e ottusa è l'opera tua di morte
di animali amici, animali santi:
scannati, segati, trapiantati, eviscerati,
decerebrati,
scuoiati, bolliti, divorati, arrostiti vivi ed
infine,

come il Cristo crocifissi.
Vivisettore, angelo della morte
Inutile si rivela il genio tuo assassino,
ricercatore del nulla, nemico dell'uomo
e della tua imbecillità.
Col pane del sangue e della morte nutri i
figli tuoi?
(saran vampiri!)
lugubre ricompensa dell'arte tua
nefanda:
padre, barone e santità
T'acclamano governi erranti,
t'incoraggia all'assassinio e ti benedice
il Papa, la chiesa, gli incivili, gli
ignoranti.
Mio è il disprezzo e la tua morte
Gli animali martiri, povere creature,
guardano
all'amico, al santo buono.
Si affidano a Francesco, ai protezionisti
e a tutti i santi

(Salvatore Messina) 1975

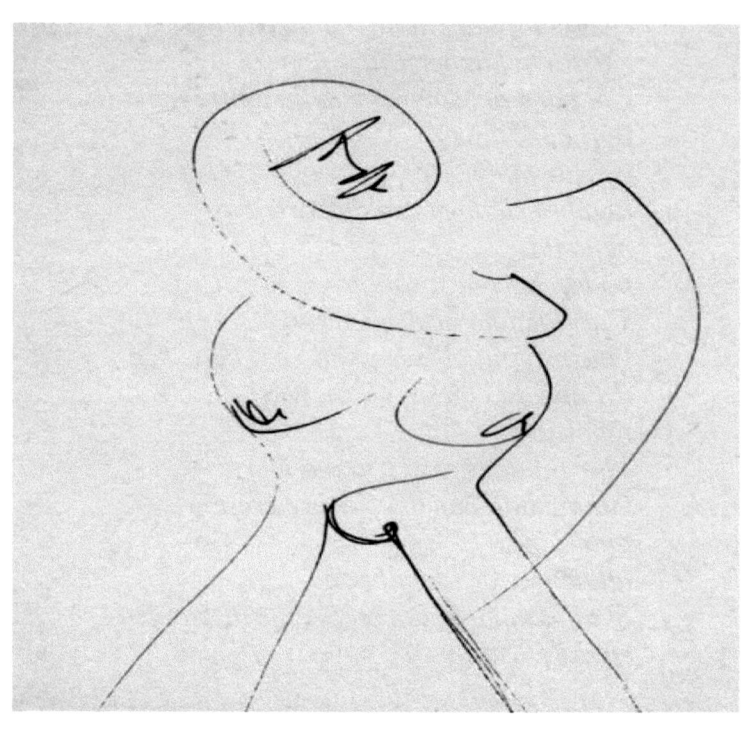

Come un bambino.

*Mi sono addormentato
come un bambino
Avevo lei nel cuore
e tanta pace.*

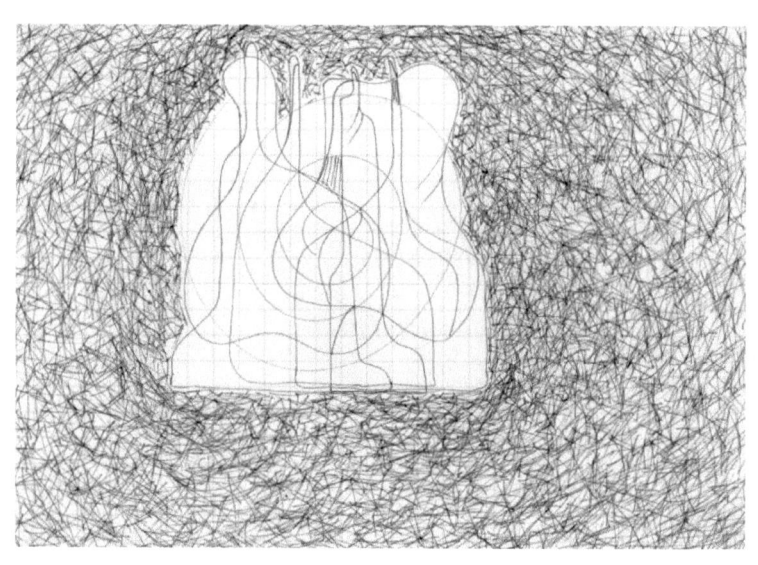

*La trovi negli occhi di un cane
la carezza vera di un amico.
(Salvatore Messina)*

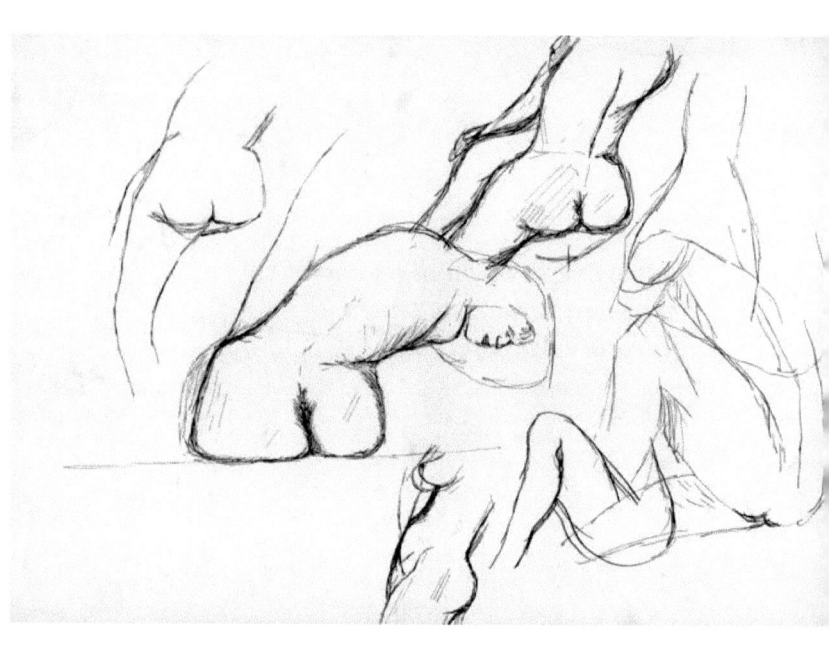

Vaga all'alpe

Vaga all'alpe
il sogno mio silvestre
Nell'Erica si immola
si invola trapuntato
e poi svanisce

Corpo d'ambra

Non t'amo perché sei bella
o di velluto il tuo corpo d'ambra
T'amo perché sei carne e sangue
nel mio grembo.

Desto dal sogno

*Desto dal sogno
dove celebrammo l'intimo
ora sei nei miei occhi
e t'amo.*

In val di non

*mi portò
nel giardino delle mele
ed era sera*

*al buio mi prese il corpo e l'anima
si nutrì dei mille baci mai consegnati*

*assaporai della mia bella
dell'indole le carni ed i sorrisi
del petto l'ardore dei ventanni
e delle labbra soltanto
musica imperiale*

*il giorno ci scopri sporchi di sangue
felici incantati rivelati santificati*

*ed era festa
sacra immacolata
nella valle delle mele*

*era festa negli occhi
dell'amata*

ed io ero presente
brillante e spettinato

un solo pane eravamo
dolci
come il buon vino della
nonna
o la panchina tirolese
ricamata

ora riposa nel grembo della
valle
la terra delle mele

in val di non

***

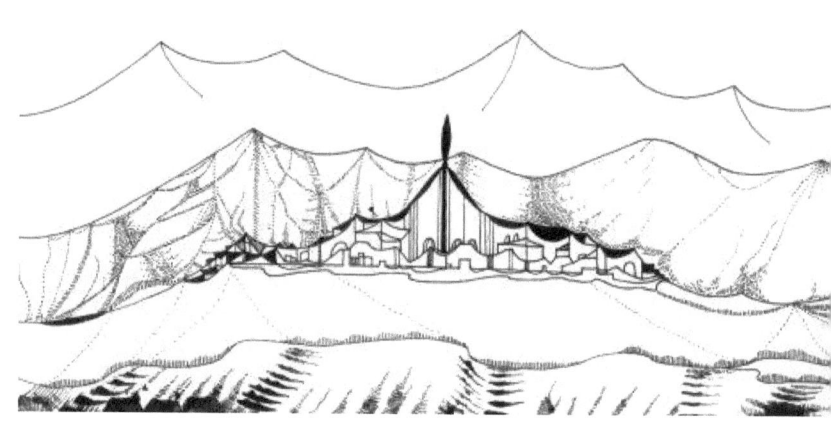

le giuste melodie

risplenderà
nell'ora dell'oblio
l'astro al grembo

concertati
dei grilli i canti
le giuste melodie
la terra dei miei padri

risorgerò fantastico

e sarà sera e notte e giorno

semplicemente
***

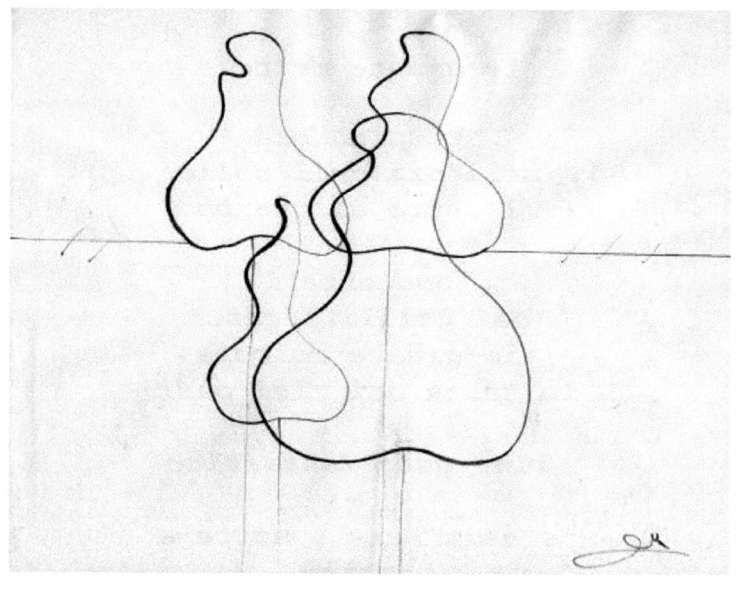

nei campi dove sboccia il grano
veleggia la bella capinera
sorvola nuvole a ventaglio
spazi azzuro mare
sconfina

fumano le canne
si rallegra il cacciatore
silente è il bosco all'alpe
smettono i sorrisi
dal lago i cerchi e li riflessi

e la morte nel carniere
non batte l'ali

tu che sai
dove nasce il vento
apri le ali alla montagna
sorvola accarezza i bianchi pascoli
ascolta le voci mute delle brezze
le trasparenze delle nebbie
veleggia ghiacciai e valli
ed in lontananza
sui gradoni delle chiese
stendi una mano all'uomo
l'universo di stracci
implorante un pane
gli occhi da vedere il cielo

quel cielo d'azzurro vestito

quell'azzurro mancante dell'anima
quell'anima indegna dell'uomo

quell'anima incapace d'amare

Quando sboccia un fiore
sull'erba dell'alpe mia
si illumina d'infinito
questo mio povero cuore
sono petali che cantano
inni amabili multicolori
colmi di versi esplodenti
lacrime dolori e forse anche
sorrisi
tenere frasi d'amore
dedidi alle mamme ai bimbi
o creature d'altri lontani
mondi
coi padri a mani giunte

cosa chiede quest'uomo un pò
così
quest'essere che vive d'aria
pura
coi profumi delle resine dei
monti
e dell'abbraccio di un sano
montanaro

cerca trova non conclude del
bene

*il desiderio degl uomini di dio
o delle armonie celesti
un tozzo di pane da mangiare*

*è scritto
mia sarà la fame
ma non l'aria che mi
accompagna*

cuore
cieli azzurri
costellano i miei spazi
e quelli dei bambini

ascoltami

perché un chiodo
mi strazia il cuore
o mentre implora
una madre
a mani giunte

Bilderverzeichnis

Seite	Name
16	Salvatore Messina
19	G.Leyendecker
21	G.Leyendecker
23	G.Leyendecker
25	Salvatore Messina
28	Salvatore Messina
30	Salvatore Messina
32	Salvatore Messina
34	G.Leyendecker
35	Salvatore Messina
37	Salvatore Messina
39	G.Leyendecker
42	G.Leyendecker
44	Salvatore Messina
45	G.Leyendecker
47	G.Leyendecker

49	*G.Leyendecker*
52	*G.Leyendecker*
54	*G.Leyendecker*
55	*G.Leyendecker*
56	*G.Leyendecker*
57	*G.Leyendecker*